Brush lettering

- instructions -

TABEA WIPPERMANN

BIBEL Lettering

ÜBUNGSBUCH

SCHRIFTEN, ANLEITUNGEN, VORLAGEN

SCM

SCM

Stiftung Christliche Medien

SCM ist ein Imprint der SCM Verlagsgruppe, die zur Stiftung Christliche Medien gehört, einer gemeinnützigen Stiftung, die sich für die Förderung und Verbreitung christlicher Bücher, Zeitschriften, Filme und Musik einsetzt.

2. Auflage 2018

Max-Eyth-Straße 41 | 71088 Holzgerlingen
Internet: www.scm-verlag.de | E-Mail: info@scm-verlag.de

Umschlaggestaltung: Christina Grube, Witten
Illustrationen: Tabea Wippermann, Bochum
Satz: Christina Grube, Witten
Druck und Verarbeitung: Finidr s.r.o.
Gedruckt in Tschechien
ISBN 978-3-7893-9818-6
Bestell-Nr. 629.818

INHALTSVERZEICHNIS

GRUNDLAGEN

Handlettering (oft auch als Lettering bezeichnet) beschreibt die Kunst des Buchstabenzeichnens und -malens. Anders als bei der Kalligrafie, der Kunst des Schönschreibens, geht es beim Handlettering viel mehr um das Gestalten der einzelnen Letter und um das Kombinieren verschiedener Schriftarten.

Wer sich mit Schriften und Typografie beschäftigt, wird früher oder später auf bestimmte Fachbegriffe stoßen. Etwas Hintergrundwissen über Schrift im Allgemeinen hilft dir dabei, Begriffe einzuordnen und eigene Buchstaben zu kreieren.

Die Anatomie der Buchstaben

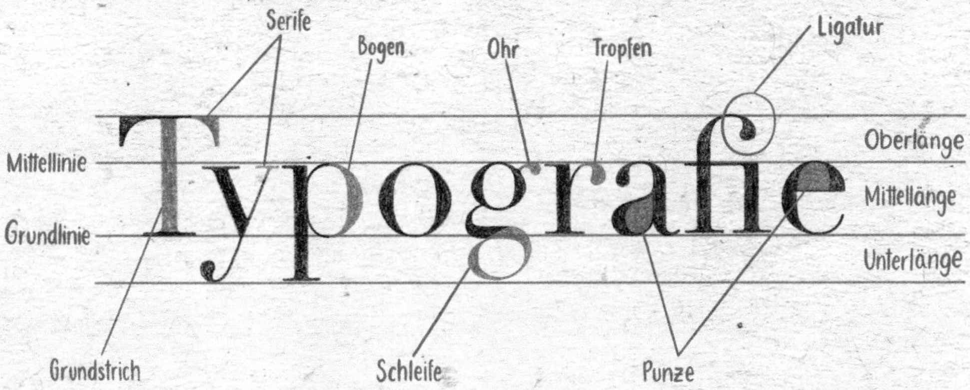

Mittellinie	– horizontale Achse zwischen der Oberlänge und der Mittellänge
Grundlinie	– horizontale Achse zwischen der Mittellänge und der Unterlänge
Oberlänge	– oberer Teil eines Buchstabens, der über der Mittellinie liegt
Mittellänge	– mittlerer Teil eines Buchstabens (auch x-Höhe genannt)
Unterlänge	– unterer Teil eines Kleinbuchstabens, der unter der Grundlinie liegt
Grundstrich	– ist jener Strich, von dem die Letter aufgebaut wird
Serife	– beschreibt eine feine Linie, die einen Buchstaben am Ende quer zu seiner Grundrichtung abschließt
Bogen	– bezeichnet eine Rundung der Buchstaben (etwa beim b, d oder p)
Schleife	– beschreibt den geschlossenen oder teilweise geschlossenen unteren Bereich eines g
Ohr	– beschreibt das Häkchen am g (auch Fähnchen genannt)
Tropfen	– runde Verdickungen (etwa beim a, r oder y)
Punze	– beschreibt die teilweise oder vollständig geschlossene Innenfläche eines Buchstabens
Ligatur	– Verbindung von zwei oder mehreren Buchstaben zu einer Einheit

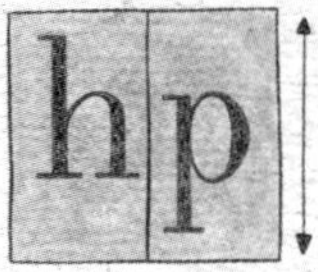

Kegelhöhe
- beschreibt den Raum, auf dem der gesamte Buchstabe sitzt

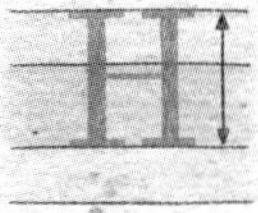

Versalhöhe
- beschreibt die Höhe eines Großbuchstabens

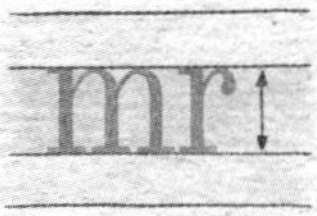

Minuskelhöhe
- beschreibt die Höhe von Kleinbuchstaben ohne Unter- oder Oberlänge

Majuskel
- Großbuchstaben (auch Versalie genannt)

Minuskel
- Kleinbuchstaben (auch Gemeine genannt)

TIPP

Beim Handlettering ist es besonders wichtig, zwischen Aufstrich und Abstrich zu unterscheiden. Aufstrich nennt man den Strich, der von unten kommt und nach oben geht. Er ist fein und wird mit wenig Druck gezeichnet. Der Abstrich bezeichnet dagegen den Strich, der von oben kommt und nach unten geht. Er ist dicker und wird mit mehr Druck gezogen. Auf- und Abstriche kannst du im Kapitel „Aufwärmen" üben und vertiefen.

MATERIAL

Fürs Handlettering und Bibel-Lettering benötigst du nicht viel Material. Das meiste hast du wahrscheinlich schon auf deinem Schreibtisch herumliegen. Alles, was dir noch fehlen sollte, ist in jedem Schreibwarengeschäft erhältlich.
Bleistifte gibt es in verschiedenen Härtegraden. Für die Skizzen und Raster empfiehlt sich ein Bleistift, der nicht zu weich ist. Die Härtegrade HB oder 2B verwischen und verschmieren nicht so schnell und können gut ohne Rückstände ausradiert werden.
Bei den Finelinern empfiehlt es sich, ebenfalls verschiedene Stärken parat zu haben, zum Beispiel 0,1 bis 0,8 mm.

Mehr brauchst du nicht, um mit dem Handlettering zu beginnen. Nach und nach kannst du auch mit neuen Farben oder verschiedenen Materialien experimentieren. Dabei sind der Kreativität keine Grenzen gesetzt.

Bleistift
(gut radierbar, ich empfehle HB oder 2B)

Brushpen
(Filzstift, dessen Spitze wie ein Pinsel geformt ist)

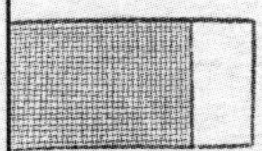

Radiergummi
(sollte nicht schmieren)

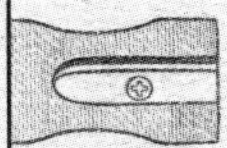

Anspitzer

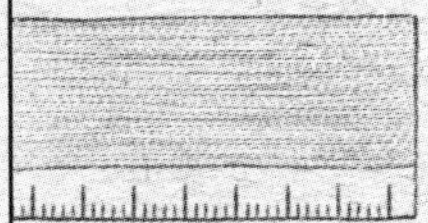

Lineal
(für den Aufbau von Rastern)

Papier
(dünnes Papier zum Abpausen und etwas dickeres Papier)

Fineliner
(am besten in verschiedenen Stärken)

AUFWÄRMEN

Um beim Schreiben und Zeichnen der Buchstaben flüssige Bewegungen und eine optimale Strichführung zu erreichen, ist es wichtig, sich etwas aufzuwärmen und die Muskulatur der Hand vorzubereiten. Dazu dienen diese Striche und Aufwärmübungen. Ziehe einfach die Linien nach und setze die Übung in den weiteren Kästchen selbstständig fort.

Diese Übung ist vor allem für die folgenden Sans-Serif- und Serifen-Schriften wichtig.

TIPP

Achte bei beiden Übungsarten besonders darauf, den Aufstrich mit wenig Druck und den Abstrich mit etwas mehr Druck zu zeichnen.

Um die Script-Schriften gut ausführen zu können,
helfen folgende Übungen mit Bögen, Schleifen und Linien.

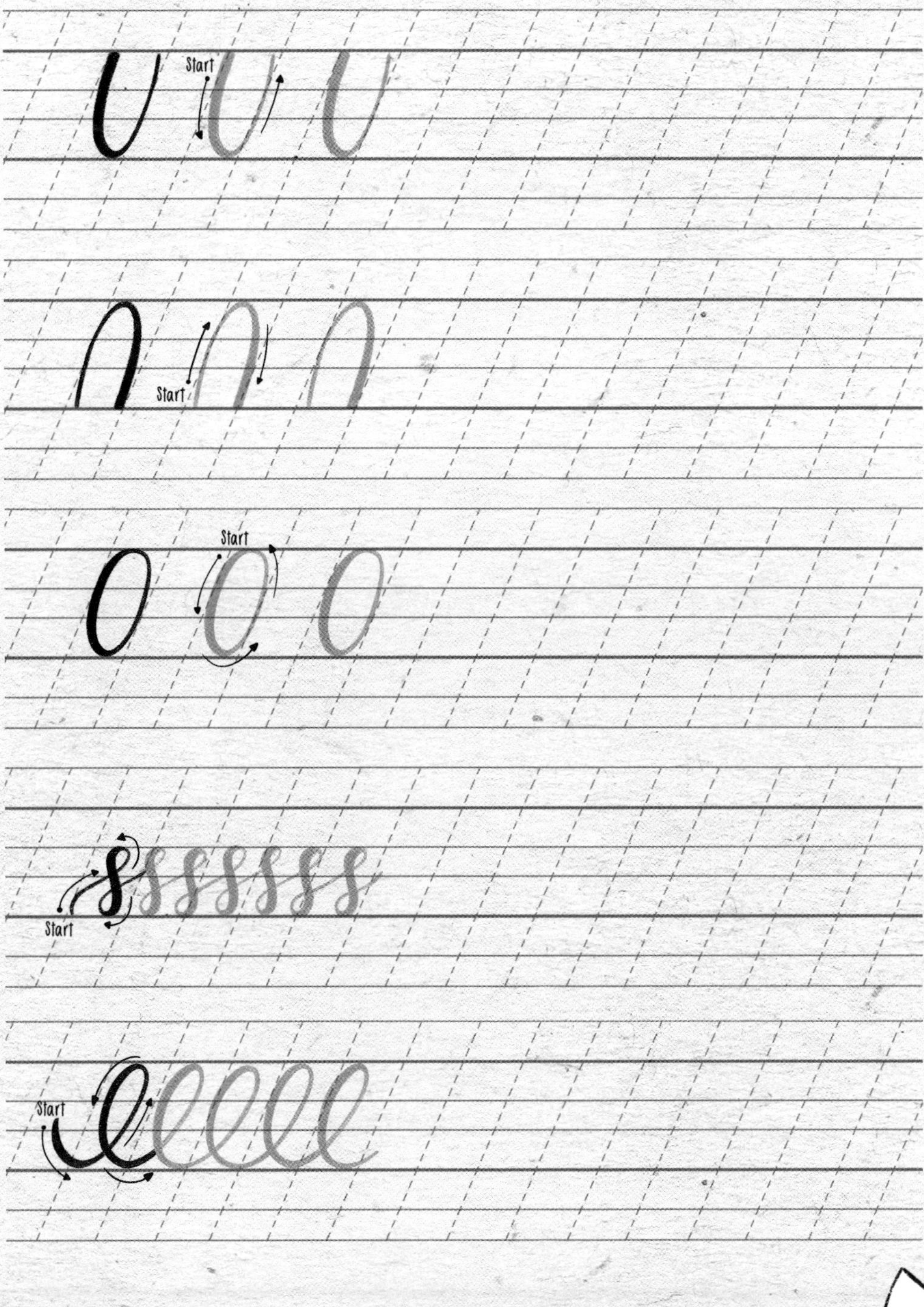
Start
Start
Start
Start
Start

ALPHABETE

Jetzt hast du deine Hand etwas aufgewärmt und kannst mit dem Üben verschiedener Alphabete beginnen.
Auf den folgenden Seiten habe ich einige Beispielalphabete in unterschiedlichen Schriftarten zusammengestellt und zum Üben vorbereitet. Welche Linien als Auf- und als Abstrich gezeichnet werden, zeigen dir die Pfeile an. Am besten beginnst du damit, die grau gedruckten Buchstaben nachzuzeichnen, und füllst dann die restlichen Zeilen mit Buchstaben.

Mit der Zeit fällt es dir leichter, auch eigenständig Alphabete zu kreieren und sie gekonnt zu kombinieren. Entwickle nach und nach deine individuelle Schriftart und finde deinen eigenen Stil.

SCHRIFTFAMILIEN MIT ALPHABETEN ZUM ÜBEN

Alle Schriften lassen sich in drei Familien einteilen.
Für jede der Schriftfamilien findest du ein bis zwei Alphabete mit ausführlicher Übungsanleitung und weitere Alphabete als Inspiration für eigene Variationen.

Sans Serif Alphabete

Sans-Serif-Schriften (auch Grotesk-Schrift genannt): „Sans“ kommt aus dem Französischen und bedeutet „ohne“. „Sans Serif“ bedeutet daher einfach „ohne Serife“. Diese Schriften bestehen aus Druckbuchstaben. Jede Letter steht für sich und ist nicht durch Bögen und Schnörkel mit anderen Lettern verbunden.

Lola Sans

A B C D E F G

H I J K L M N

O P Q R S T U

V W X Y Z

A Start A A

B Start B B

C C Start C

D Start D D

E Start E E

F Start F F

G Start G G

H Start H H

I Start I I

J Start J J

K Start K K

L Start L L

M Start M M

N Start N N

O Start O O

P Start P P

Start
Q Q Q

R Start R R

S S Start S

T Start T T

U Start U U

V Start V V

W Start W W

X Start X X

Y Start Y Y

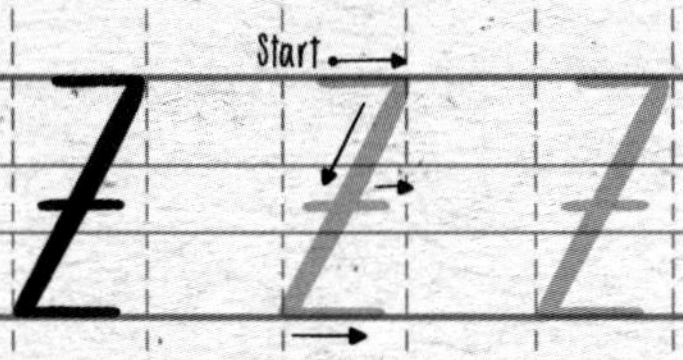

Noch mehr Platz zum Üben:

Lola Sans 2

a b c d e

f g h i j k

l m n o p

q r s t u

v w x y z

a a a

b b b

c c c

d d d

e e e

Start

f f f

Start

g g g

Start

h h h

Start

i i i

Start

j j j

Start

k Start k k

l Start l l

m Start m m

n Start n n

o Start o o

p Start p p

q Start q q

r Start r r

s s Start s

t Start t t

u Start u u

v Start v v

w Start w w

x Start x x

y Start y y

Start

Z Z Z

Noch mehr Platz zum Üben:

Weitere Sans Serif Alphabete

Horizont

A B C D E

F G H I J K

L M N O P

Q R S T U

V W X Y Z

Gold Sans

A B C D E

F G H I J K

L M N O P

Q R S T U

V W X Y Z

SCRIBBLE

A B C D E

F G H I J K

L M N O P

Q R S T U

V W X Y Z

Denke dir ein eigenes Sans-Serif-Alphabet aus.

Serifen Alphabete

Serifen-Schriften: Ähnlich wie die Sans-Serif-Schriften kommen in dieser Schriftfamilie Druckbuchstaben zum Einsatz. Der kleine, aber feine Unterschied besteht darin, dass hier Serifen die Buchstabenlinien am Ende abschließen (siehe Begriffserklärung „Serife"). Bei langen Texten, wie in Büchern oder Zeitungsartikeln, werden oft Serifenschriften verwendet, da die Serifen das Auge auf einer Linie führen und so das Lesen längerer Texte vereinfacht wird.

Pencil Serif

A B C D E F G

H I J K L M N

O P Q R S T U

V W X Y Z

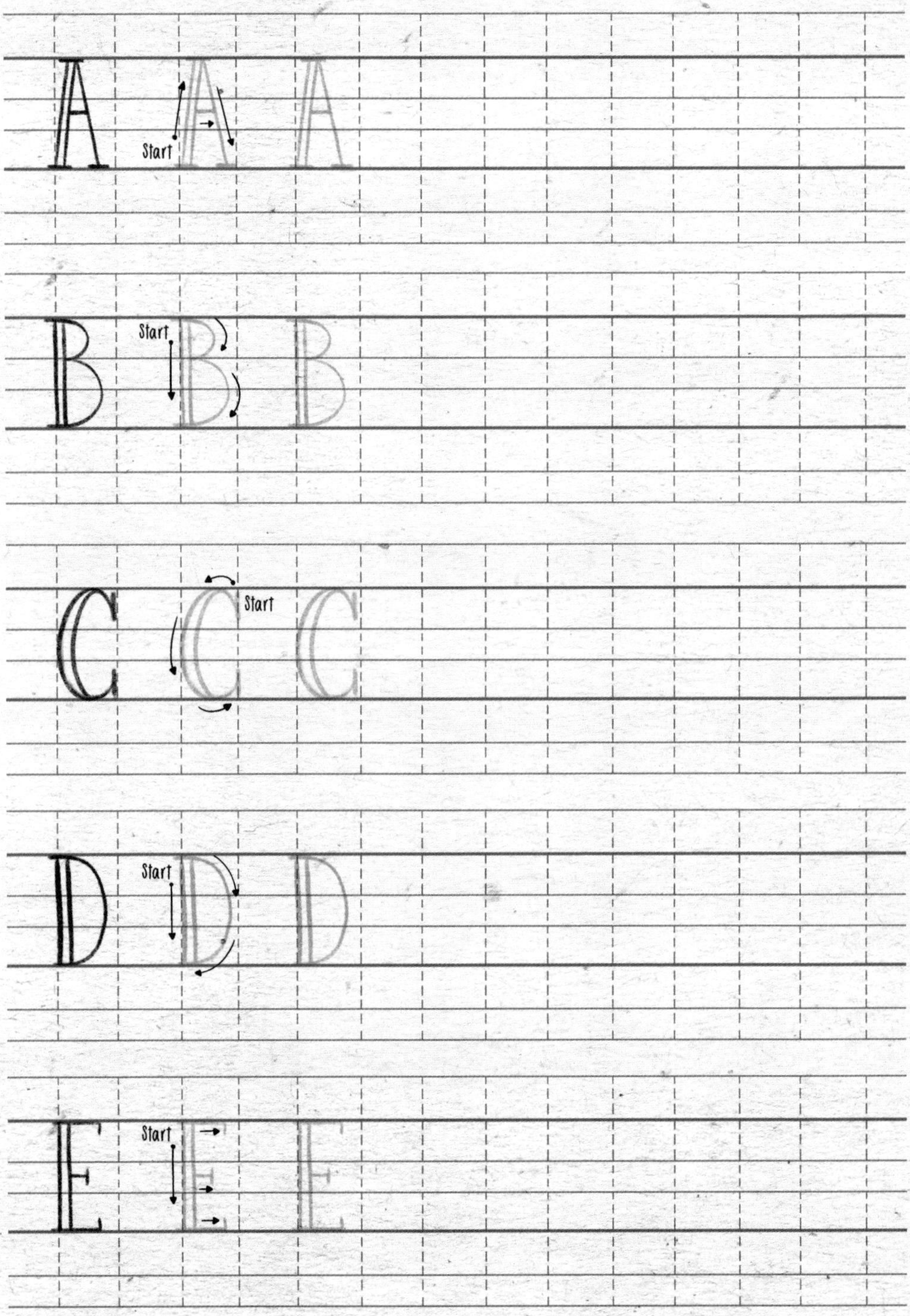
A
Start
B
Start
C
Start
D
Start
E
Start

F Start F F

G Start G G

H Start H H

I Start I I

J Start J J

K Start K K

L Start L L

M Start M M

N Start N N

O Start O O

P Start P P

Start
Q Q Q

R Start R R

Start
S S S

T Start T T

U Start U U

V Start V V

W Start W W

X Start X X

Y Start Y Y

Z Start Z Z

Noch mehr Platz zum Üben:

Weitere Serifen Alphabete

Heavy Serif

ABCDE

FGHIJK

LMNOP

QRSTU

VWXYZ

Denke dir ein eigenes Serifen-Alphabet aus.

Script Alphabete

Script-Schriften („Script" aus dem Englischen für „Schreibschrift"): Alle Buchstaben sind miteinander verbunden. Sie sind meistens leicht kursiv gesetzt, also leicht nach rechts geneigt.

Beas Handwriting I

A B C D E F G

H I J K L M N

O P Q R S T U

V W X Y Z

A Start A A

B Start B B

C Start C C

D Start D D

E Start E E

Start
Start
Start
Start
Start

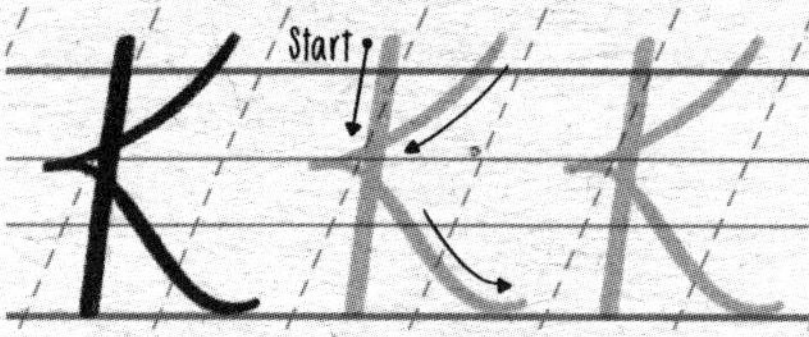
Start

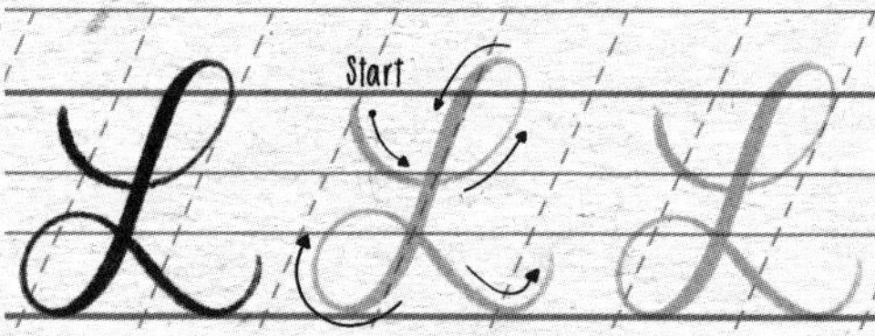
Start

Start

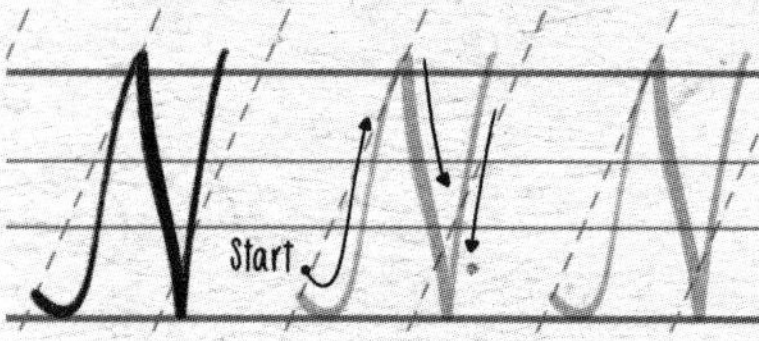
Start

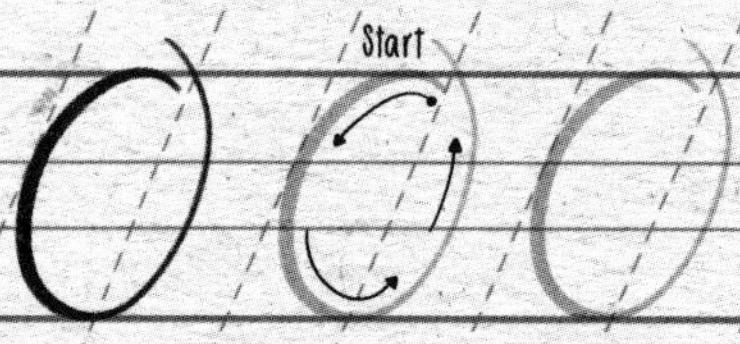
Start

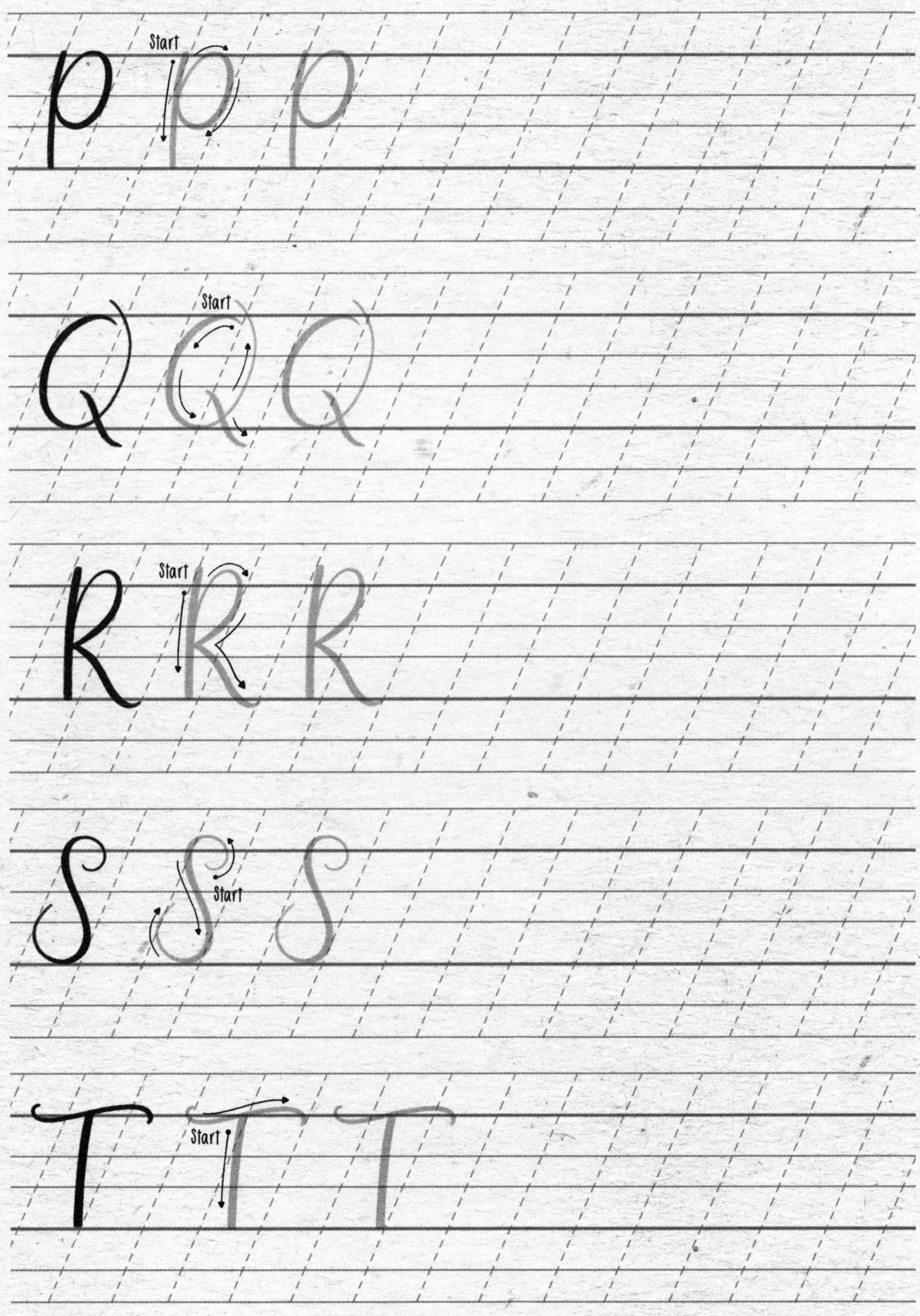
p
Start
Q
Start
R
Start
S
Start
T
Start

U
Start
V
Start
W
Start
X
Start
y
Start

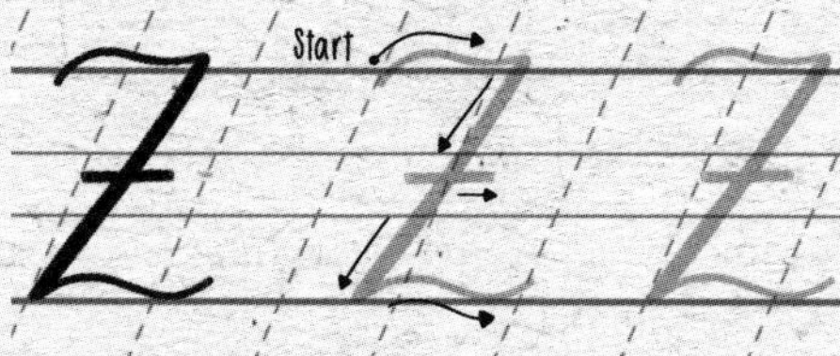

Noch mehr Platz zum Üben:

Beas Handwriting II

a b c d e

f g h i j k

l m n o p

q r s t u

v w x y z

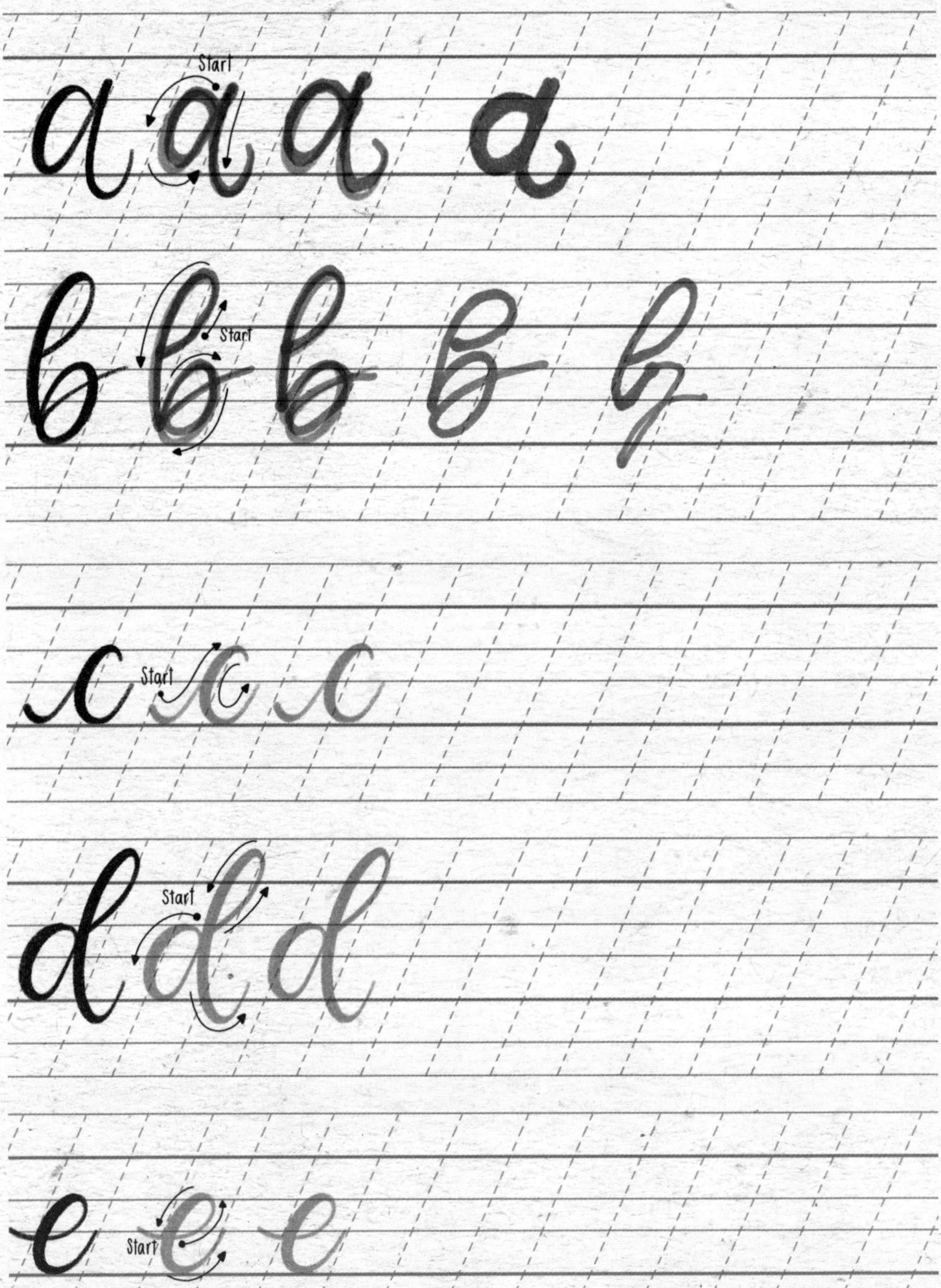
Start
Start
Start
Start
Start

Start
Start
Start
Start
Start

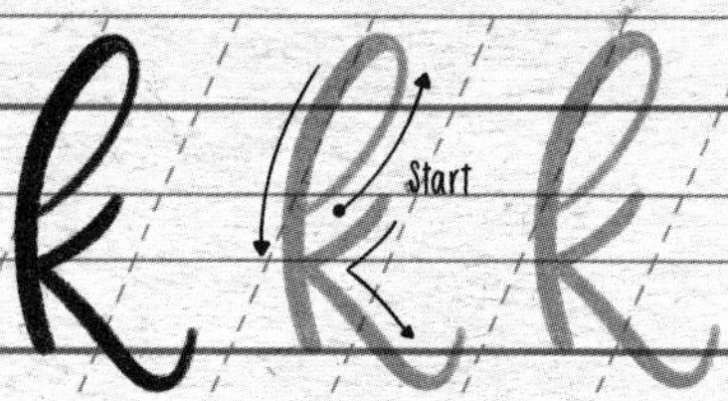
Start

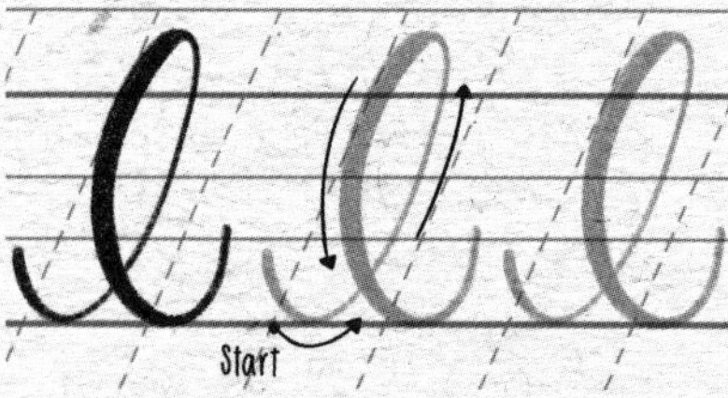
Start

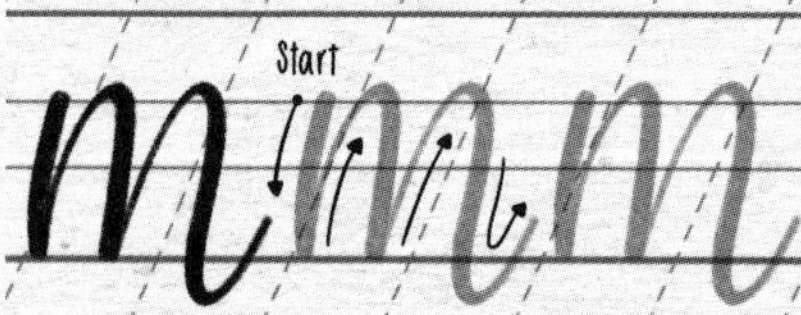
Start

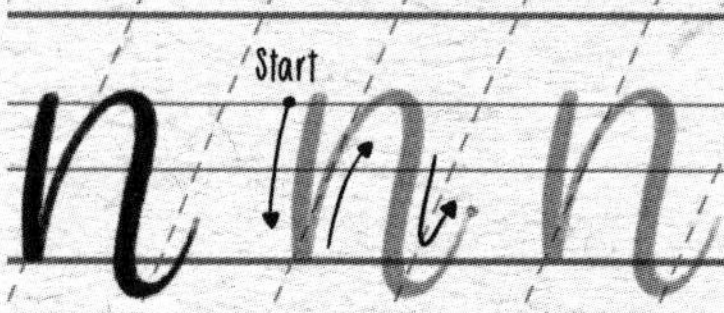
Start

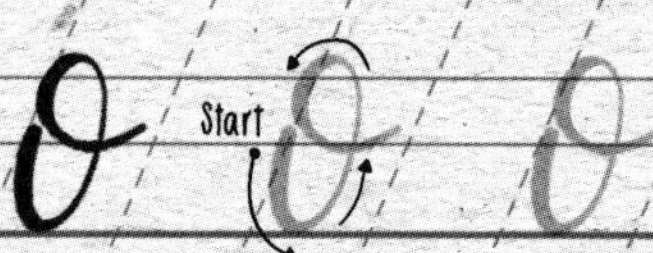
Start

p Start p p

Start
q q q

r Start r r

s Start s s

t Start t t

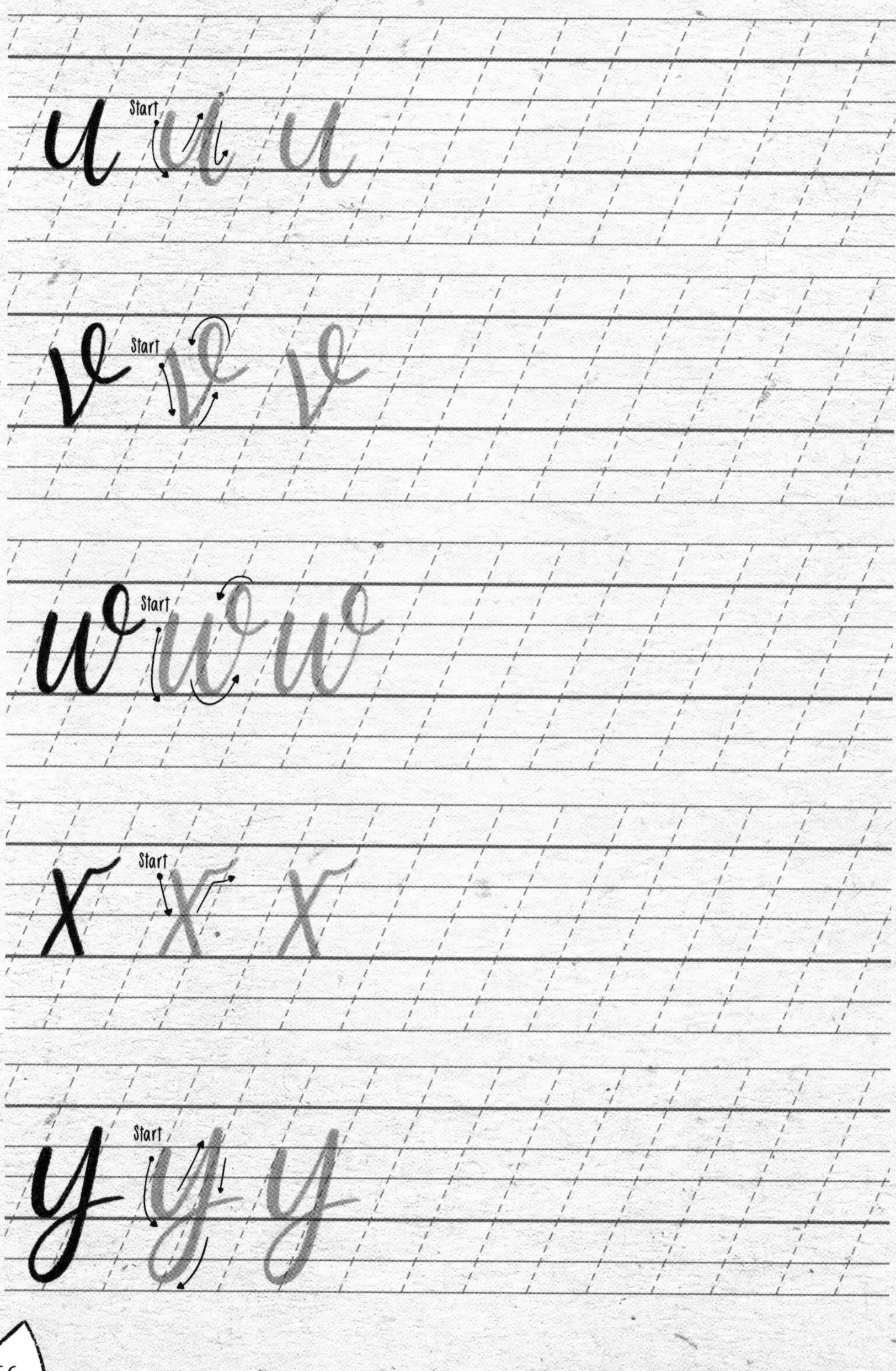
u Start u u
v Start v v
w Start w w
x Start x x
y Start y y

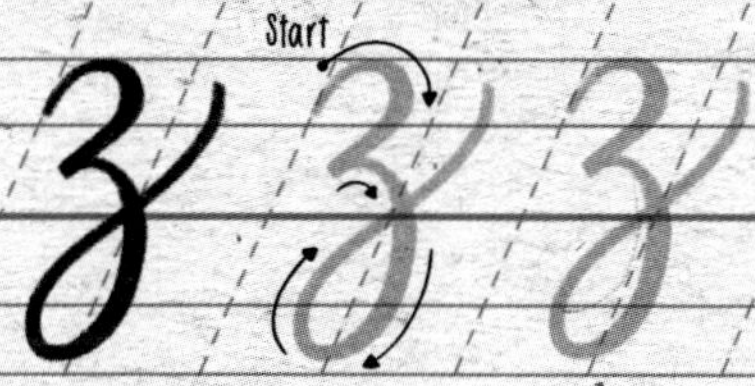

Noch mehr Platz zum Üben:

Imagine Script

A B C D E

F G H I J K

L M N O P

Q R S T U

V W X Y Z

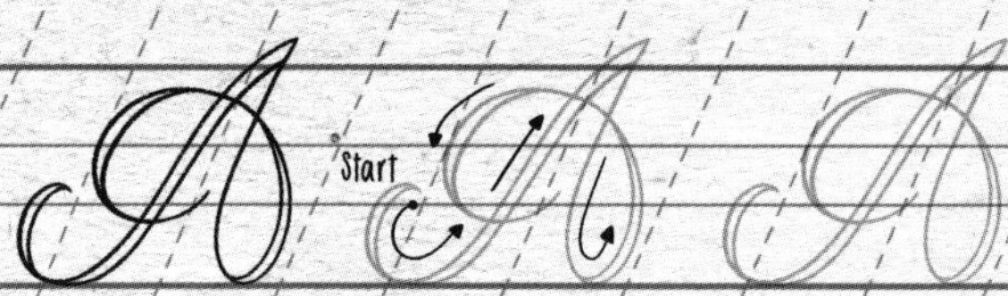
Start

Start

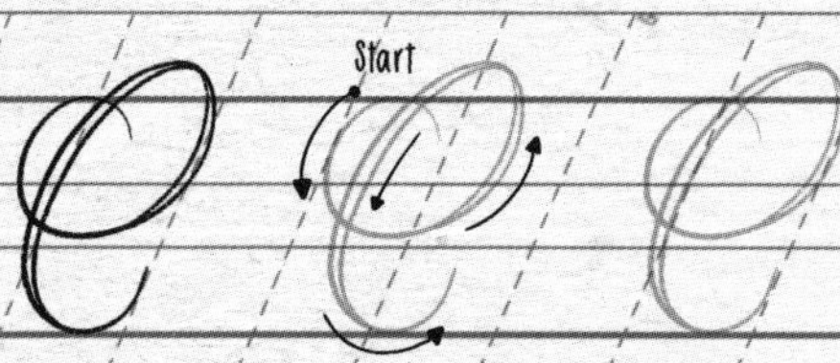
Start

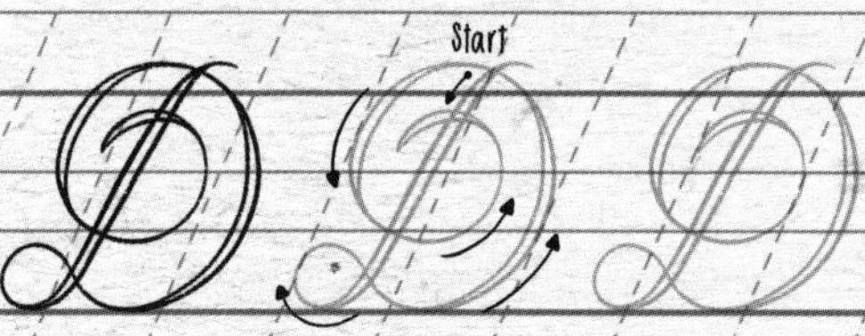
Start

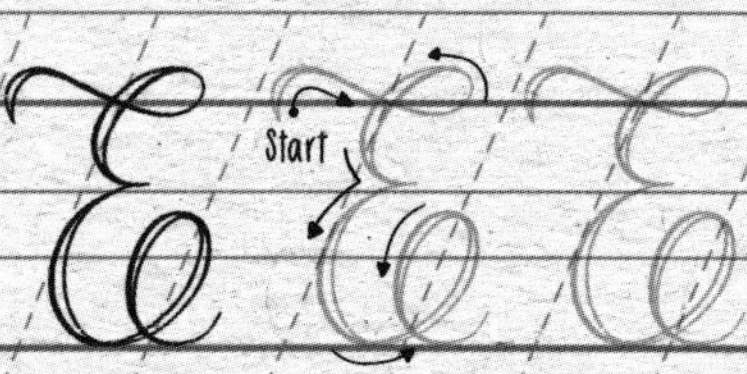
Start

Start
Start
Start
Start
Start

Start

Start

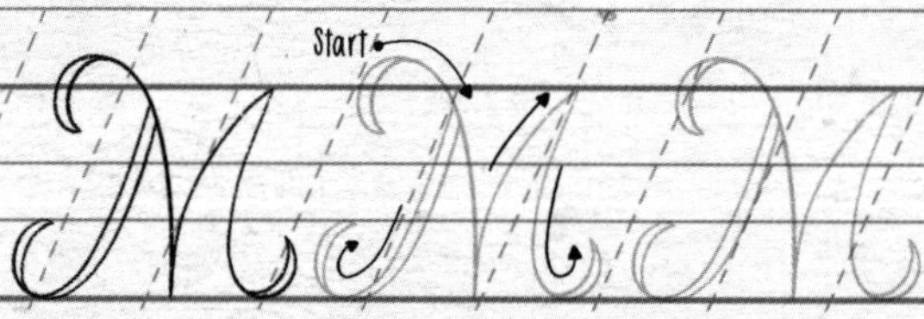
Start

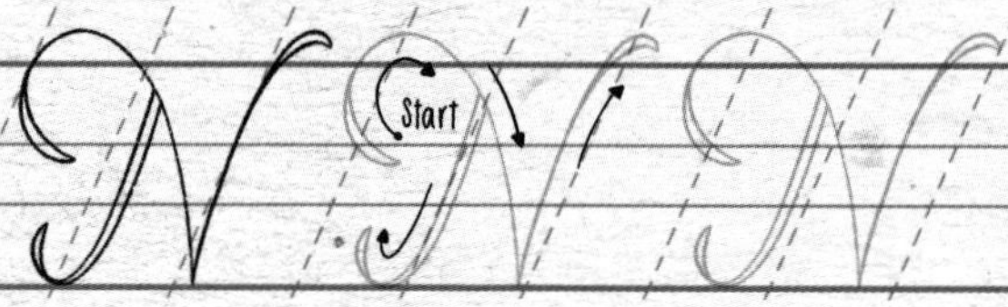
Start

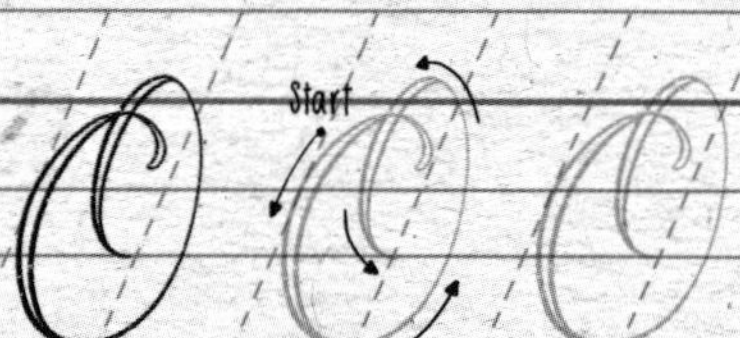
Start

Start
Start
Start
Start
Start

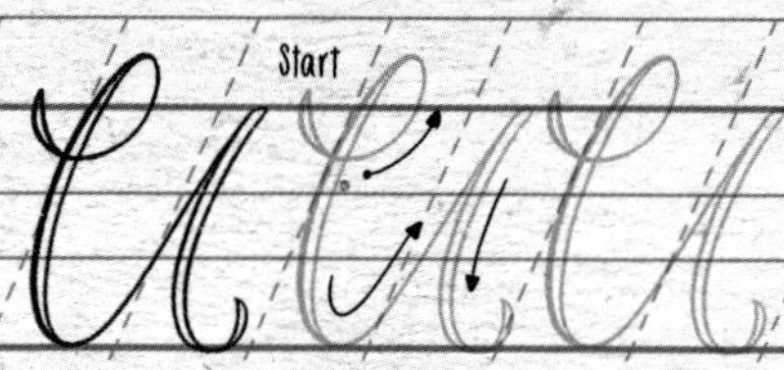
Start

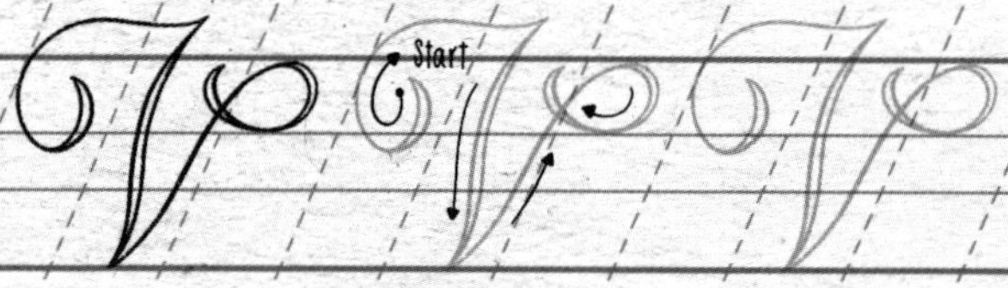
Start

Start

Start

Start

Noch mehr Platz zum Üben:

Weitere Script Alphabete

Lovely I

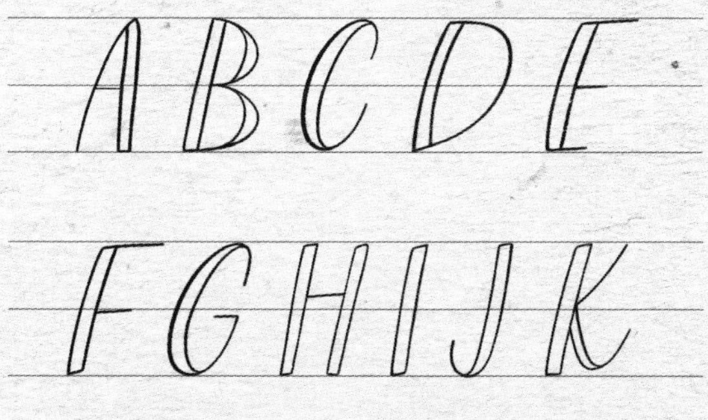

Lovely II

a b c d e

f g h i j k

l m n o p

q r s t u

v w x y z

Denke dir ein eigenes Script-Alphabet aus.

ÜBUNGSWÖRTER

Jetzt hast du ein paar Alphabete kennengelernt. Nun kannst du versuchen, die gelernten Buchstaben so zu verbinden, dass daraus einzelne Wörter entstehen. Bei den Serifen- und Sans-Serif-Schriften fällt dir das bestimmt nicht schwer, denn du kannst einfach die geübten Buchstaben aneinanderreihen. Wenn du dir einige Alphabete angeeignet hast und die Grundlagen beherrschst, kannst du dich von den Vorgaben lösen und verschiedene Variationen in Breite, Höhe und Laufweite ausprobieren.

Die Script-Schriften sind anfangs vielleicht eine etwas größere Herausforderung. Auf den nächsten Seiten findest du einige Übungswörter in der Schriftart „Beas Handwriting", mit denen du ein Gefühl für Schreibfluss und Buchstabenverbindungen bekommst. Auch hier gilt: Wenn du dich sicherer fühlst, kannst du dich von den Vorgaben lösen und eigene Variationen ausprobieren. Dann kannst du ganz frei entscheiden, wo du welchen Bogen beginnst, oder wo du einen Schnörkel mehr oder weniger machen möchtest.

Liebe Start Liebe

Liebe

Leben Start Leben

Leben

Himmel Start Himmel

Himmel

Engel Engel

Start

Engel

dein Wort

Start dein Wort

dein Wort

ÜBUNGSSEITEN

Versuche nun, eigene Wörter zusammenzusetzen. Dafür kannst du entweder weiter mit der Script-Schrift des vorigen Kapitels arbeiten oder Alphabete der Serifen- oder Sans-Serif-Schriften aufgreifen. Passende Hilfslinien für die verschiedenen Schriften findest du auf den nächsten Seiten. Wenn der Platz nicht ausreicht, darfst du diese Linienseiten auch gern als Kopiervorlage nutzen.

SCHMUCKELEMENTE

Letterings können mit einzelnen Schmuckelementen verziert, verschönert und unterstützt werden. Außerdem kannst du gemachte Fehler einfach mit einem Schmuckelement übermalen, so kaschierst du gekonnt kleine Ausrutscher. Die Banner können auch von vornherein mit in die Letterings eingeplant werden. So kannst du einzelne Wörter hervorheben. Auch können solche Elemente gut eingesetzt werden, wenn das Lettering optisch im Ungleichgewicht ist. Die Verzierungen bieten dem Auge einen Ausgleich. Die folgenden Elemente kannst du zum Verschönern deiner Letterings nutzen oder dich inspirieren lassen zu ganz eigenen Schnörkeln, Blüten und Verzierungen.

EIN BIBELLETTERING entwerfen

Du hast verschiedene Alphabete kennengelernt und Wörter geübt. Nun kannst du dich an den nächsten Schritt wagen und ein eigenes Bibel-Lettering gestalten.

DIESE SCHRITTE HELFEN DIR DABEI:

1) Bibelvers suchen
2) Wörter unterstreichen
3) Raster gestalten
4) Schriften auswählen
5) Vers skizzieren
6) Skizze ausarbeiten

Ich lettere entweder Bibelverse, die mich schon eine Weile beschäftigen, oder ich begebe mich auf die Suche nach neuen Versen und lese in der Bibel. Wenn ich einen Vers gefunden habe, der mich inspiriert, schreibe ich ihn einmal komplett auf und markiere mir dann einzelne Wörter, auf die ich einen Fokus legen möchte. Diese zeichne oder male ich später größer, schöner oder mit mehr Details.

Anschließend überlege ich mir ein Raster, das heißt, ich skizziere, wo welche Worte erscheinen sollen und in welcher Komposition, Größe und Form sie zueinander stehen sollen. Beispiele für ganz unterschiedliche Raster findest du auf den folgenden Seiten.
Dann fang ich an, erste Buchstaben auf das Papier zu zeichnen, und sie nach und nach auszuarbeiten. Wenn ich mit der Anordnung zufrieden bin, übertrage ich mir das Raster mit ganz feinen Bleistiftlinien auf ein neues Blatt und zeichne mein Lettering auf die Linien und Zwischenräume des Rasters. Diese Endversion ziehe ich mit dem Fineliner nach. Zum Schluss radiere ich die übrigen Rasterlinien wieder weg. Oft kommt es vor, dass ich mehrere Anläufe brauche, um am Ende ein Ergebnis zu erhalten, mit dem ich zufrieden bin. Hier gilt einfach: Übung macht den Meister.

BIBEL-LETTERINGS

Gott spricht: Ich schenke euch ein neues Herz und lege einen neuen Geist in euch.

Hesekiel 36,26

TIPP

Zu diesem Vers passt natürlich eine Herzform sehr gut. Du kannst für Bibel-Letterings aber auch jede beliebig andere Form nutzen. Zum Beispiel kann bei dem Vers aus Hebräer 13,14 „Denn wir haben hier keine bleibende Stadt, sondern die zukünftige suchen wir“ wunderbar ein Haus als Formvorlage dienen.

Gott spricht:
Ich schenke
euch ein neues Herz
und lege einen
neuen Geist in
euch.
Hesekiel 36,26

Probiere es selbst und gestalte dein eigenes Bibel-Lettering zu diesem Vers.

Ich bin IMMER bei euch bis ans ENDE DER ZEIT.

Matthäus 28,20

TIPP

Hier habe ich den Fokus deutlich auf „immer“ und „Ende der Zeit“ gelegt. Die Verzierungen am Rand habe ich im Wort „immer“ noch einmal aufgegriffen.

Ich bin
IMMER
bei euch
bis ans
ENDE DER ZEIT.

Matthäus 28,20

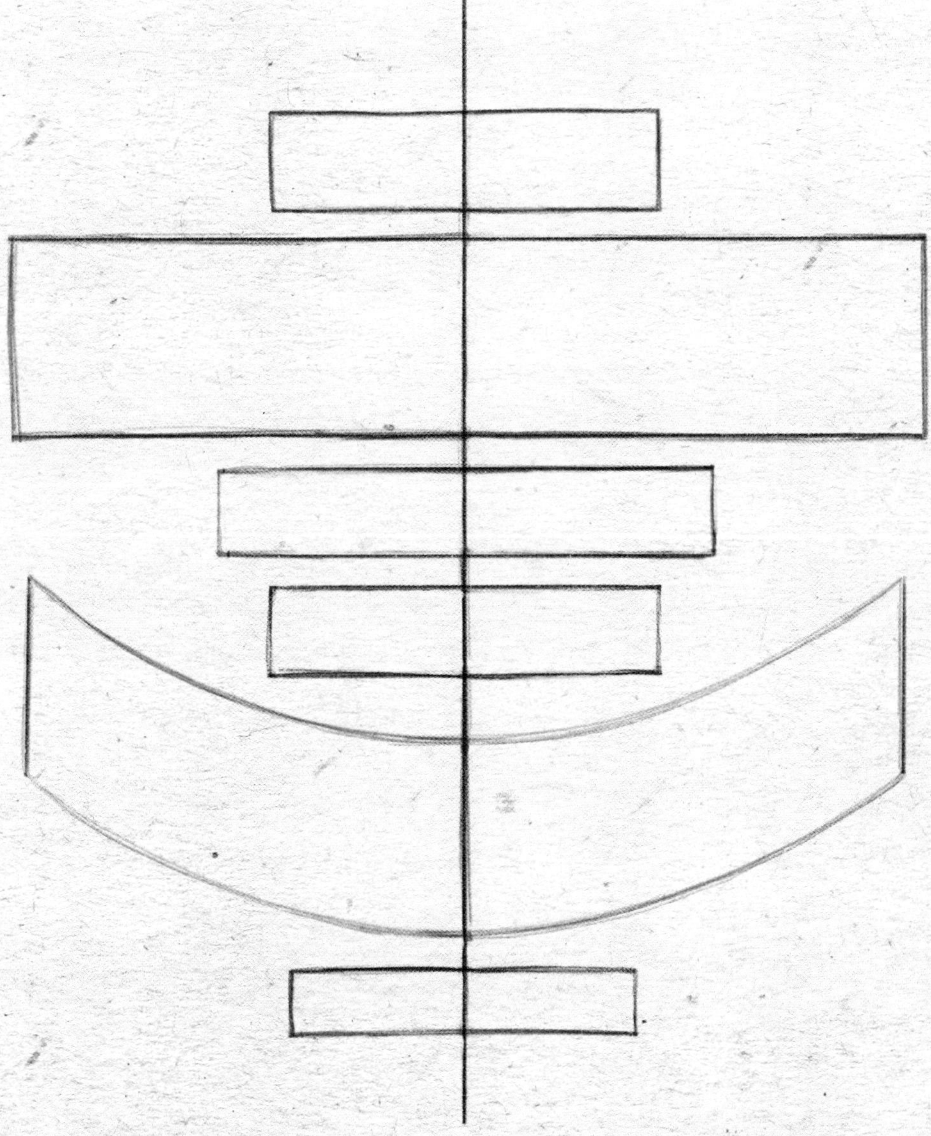

Probiere es selbst und gestalte dein eigenes Bibel-Lettering zu diesem Vers.

TIPP

Bei diesem Lettering habe ich mit der Groß- und Kleinschreibung von Buchstaben gespielt. Variationen von Majuskeln und Minuskeln in einem Wort sind natürlich auch möglich (zum Beispiel beim Wort „SEIneR" oder beim Wort „TRenNeN").
Als Formvorlage für das Raster habe ich einen Kreis gewählt.

Probiere es selbst und zeichne dein Lettering ins Raster.

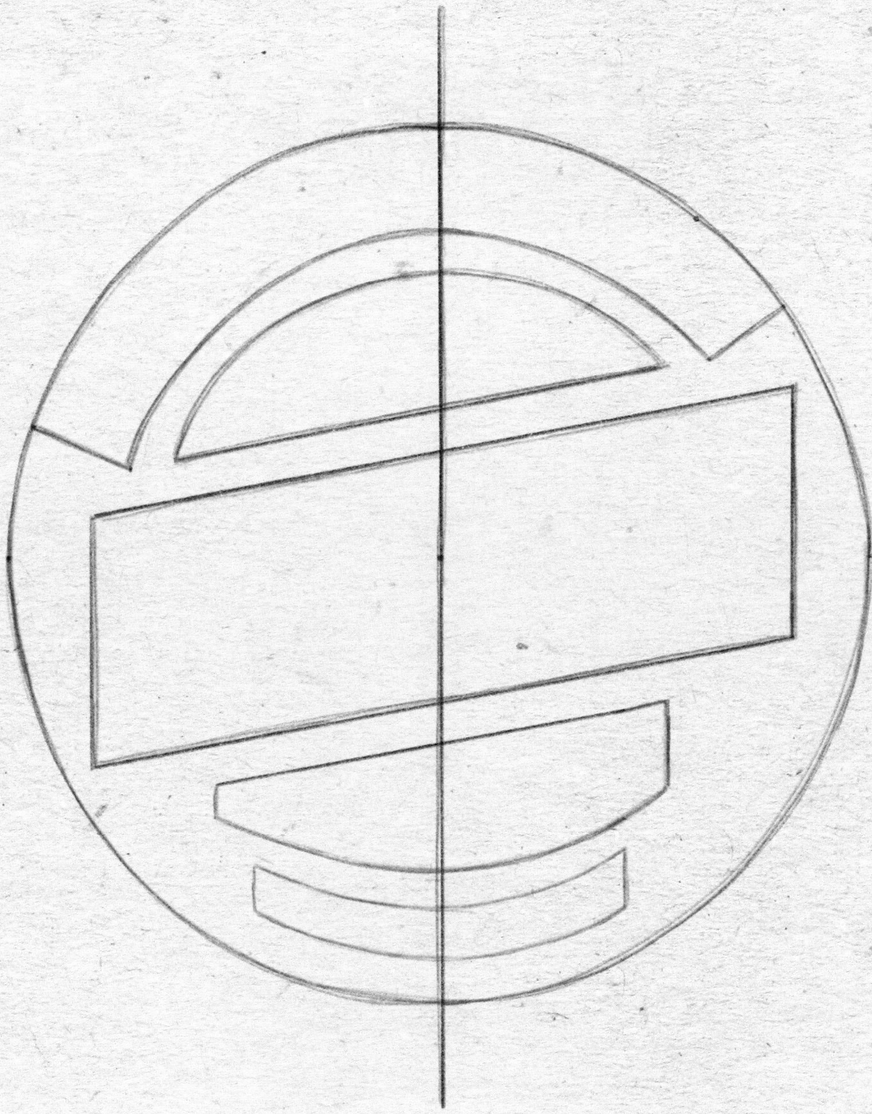

Ich aber bin
GEKOMMEN
um ihnen das
Leben
IN GANZER FÜLLE
zu geben.
Johannes 10,10

TIPP

Wörter kann man auch durch Schatten hervorheben, so wie hier bei „gekommen“.

Probiere es selbst und zeichne dein Lettering ins Raster.

TIPP

Hier muss etwas genauer hingeschaut werden. Die Wörter verstecken sich im Dschungel. Du kannst deinen Letterings auch nachträglich eine Form geben, indem du kleine Elemente oder Motive hinzufügst.

Probiere es selbst und zeichne dein Lettering ins Raster.

Denn Gott hat uns nicht einen Geist der Furcht gegeben sondern einen GEIST DER KRAFT der Liebe und der BESONNENHEIT

2. Timotheus 1,7

TIPP

Bei diesem Vers ist gut zu sehen, auf welche Wörter ich den Fokus gelegt habe. „Geist der Furcht", „Geist der Kraft", „der Liebe" und „Besonnenheit". Durch den Wechsel von kleiner, schlichter Schrift und der größeren und verzierten Schrift wirkt das Lettering interessanter.

Probiere es selbst und zeichne dein Lettering ins Raster.

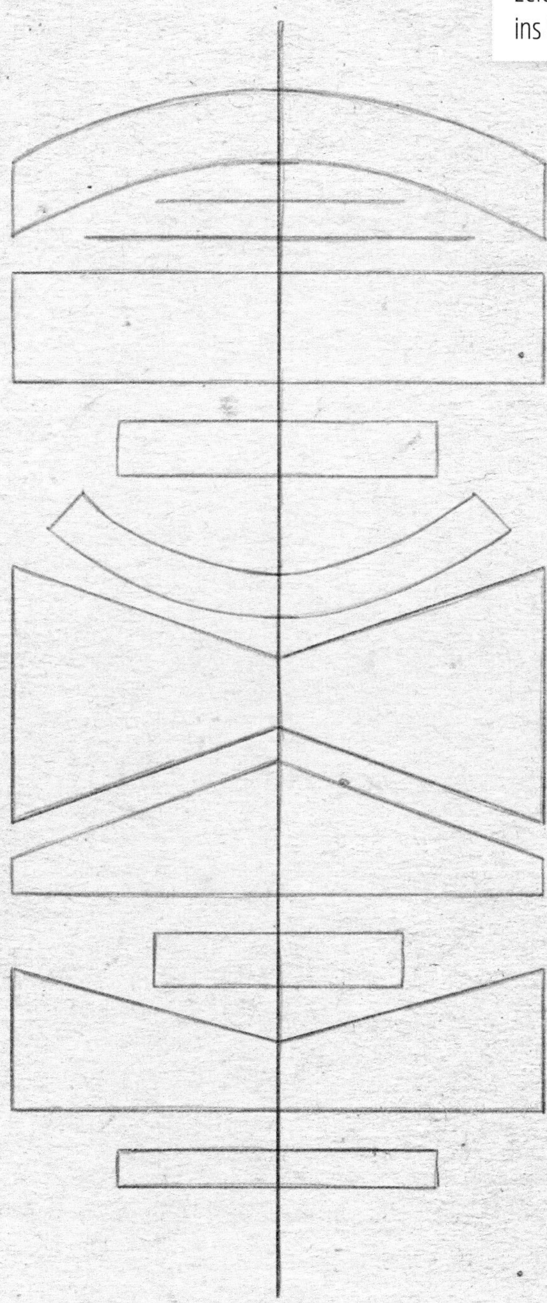

Vertraut auf den HERRN FÜR IMMER denn der Herr ist der EWIGE FELS

Jesaja 26,4

TIPP

Du kannst durch verschiedene Strichstärken hellere und dunklere Teile in deinem Lettering gestalten und auch auf diese Weise Wörter hervorheben.

Probiere es selbst und zeichne dein Lettering ins Raster.

RASTER

Für weitere Lettering-Ideen habe ich dir einige Hilfsraster zusammengestellt. Diese kannst du dir abpausen oder sie als Anregung für eigene Projekte verwenden.

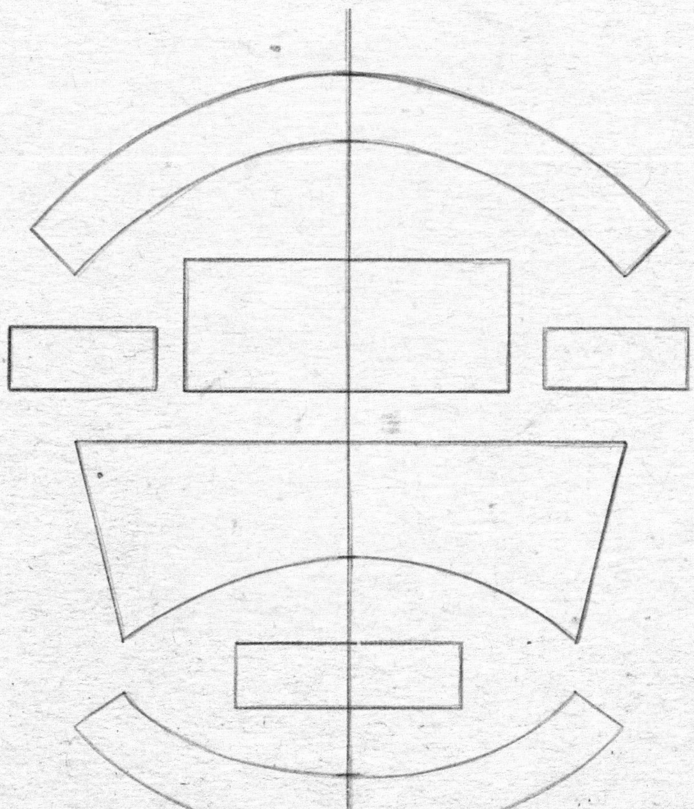

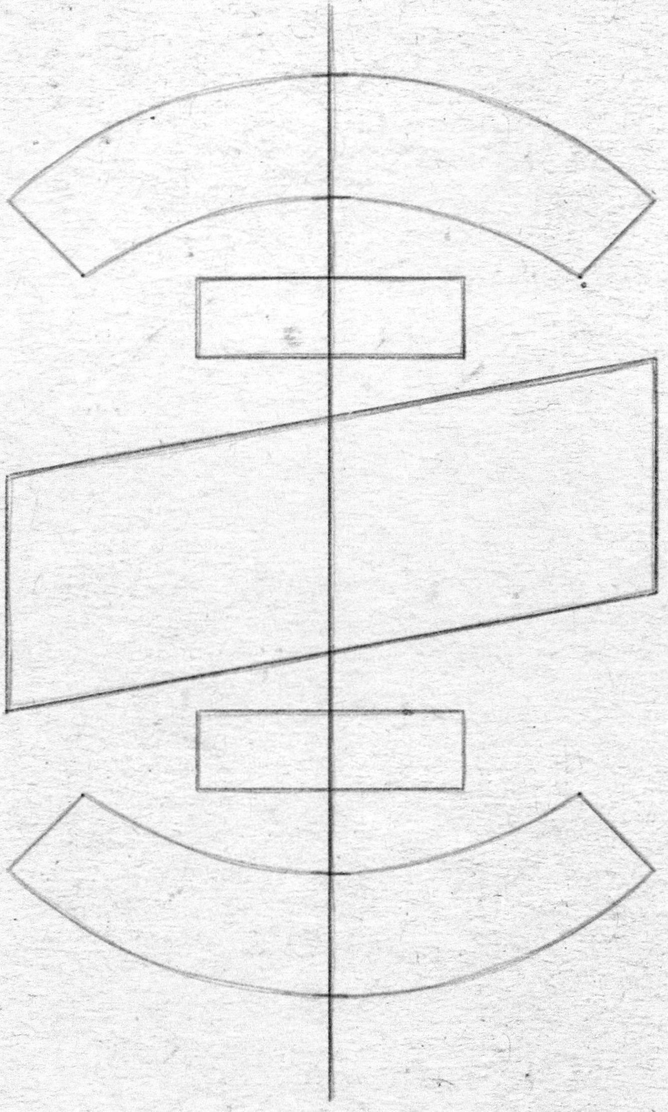

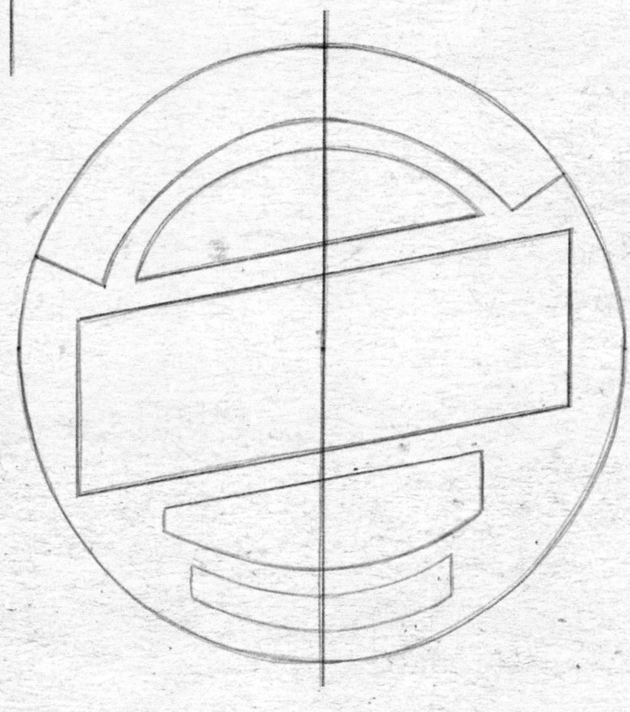

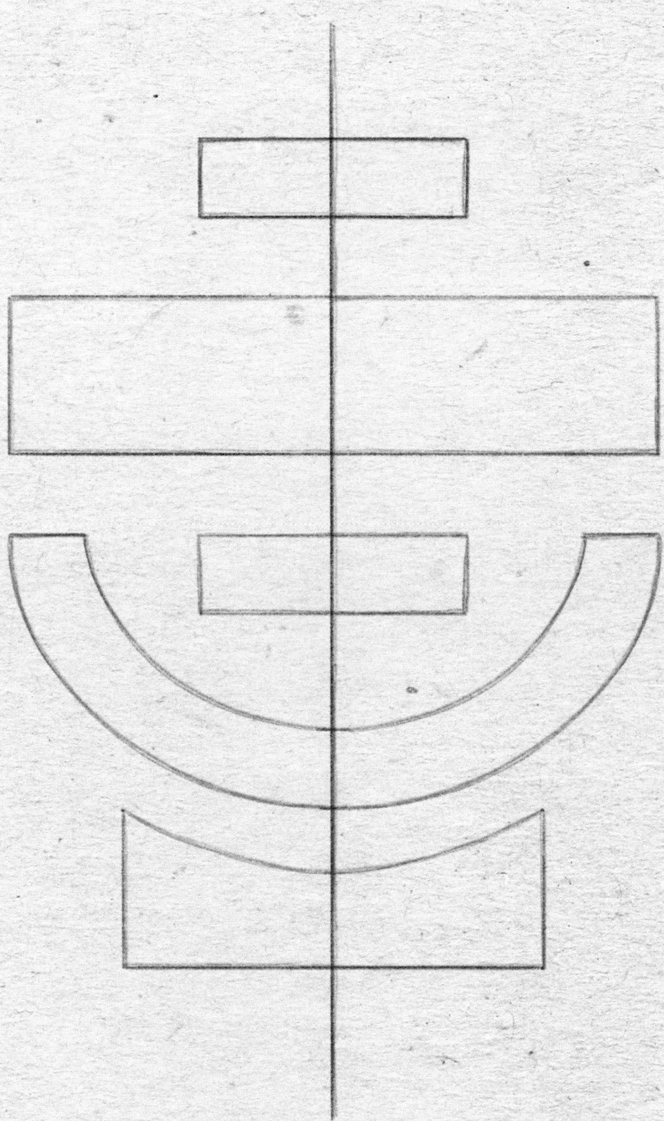

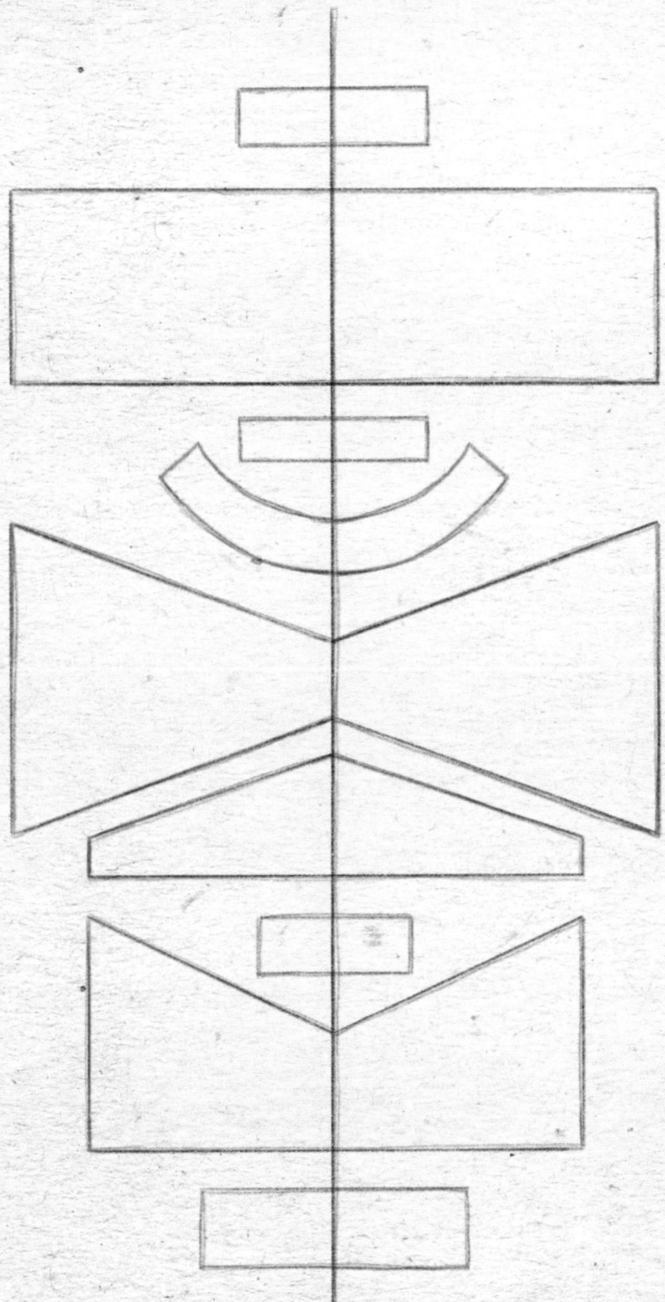

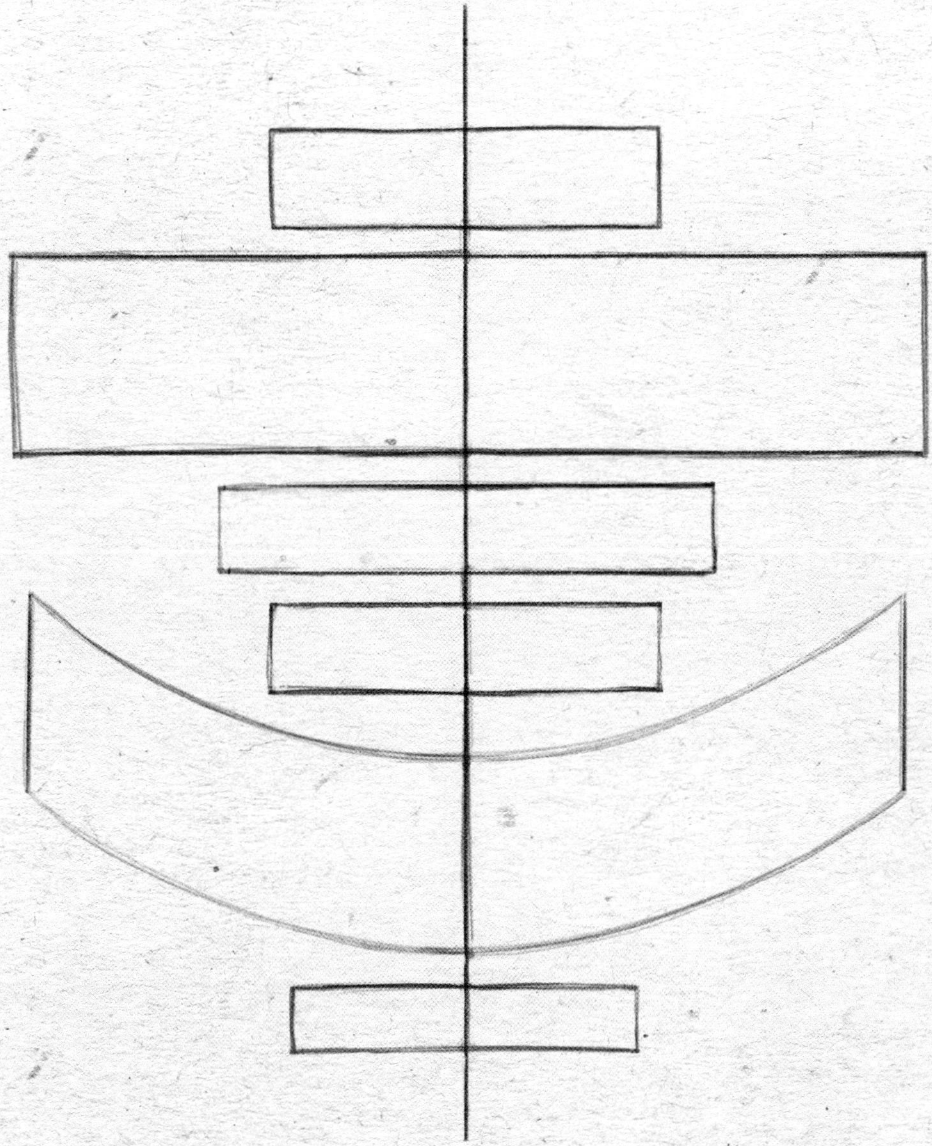

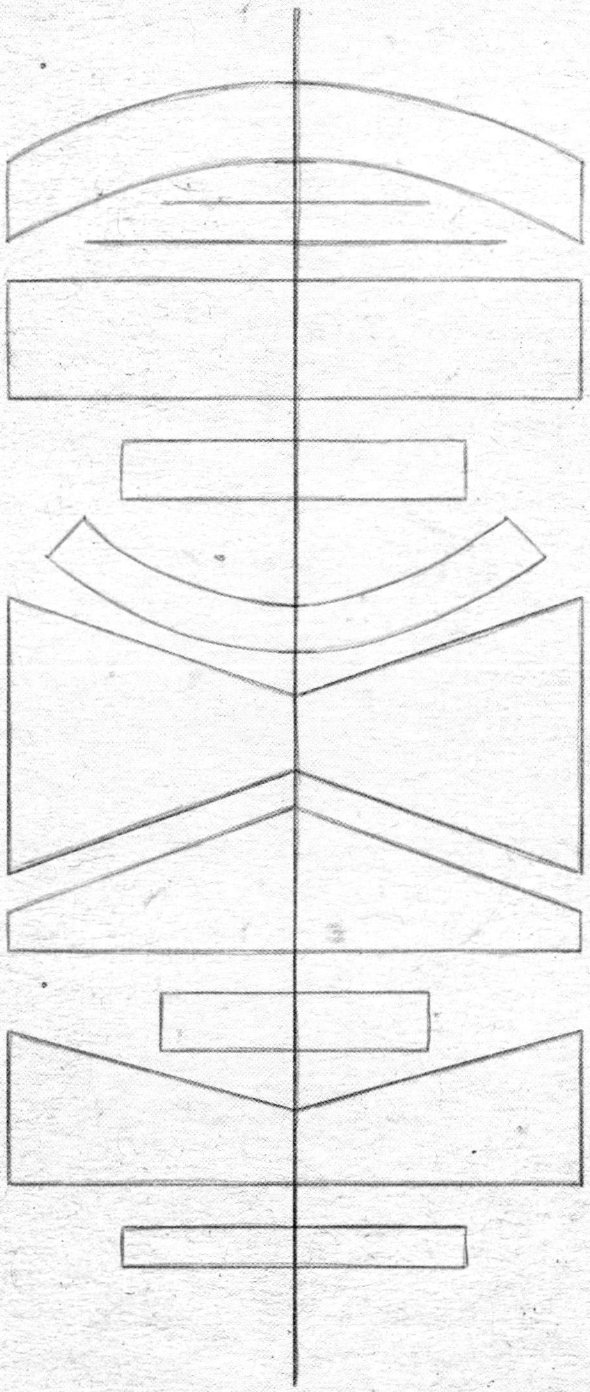

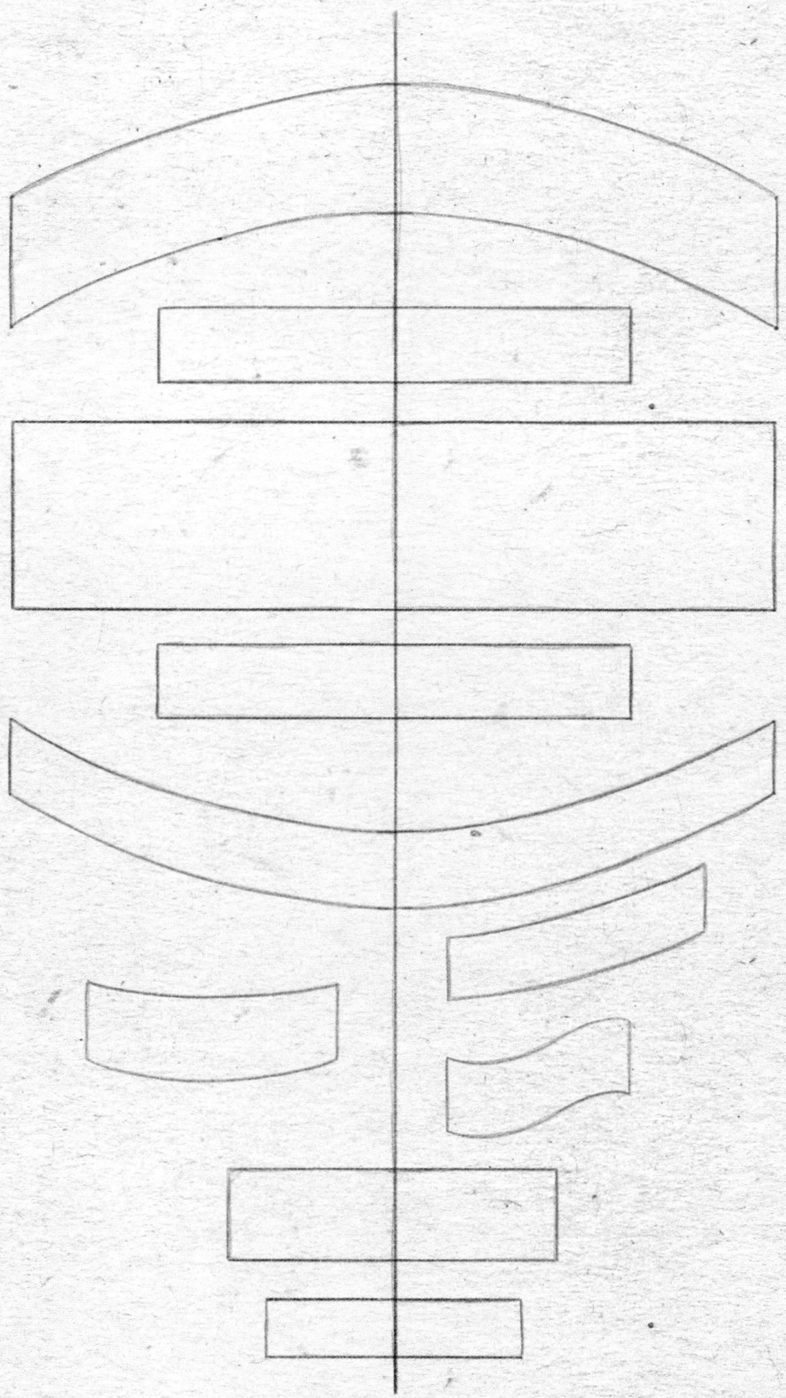

Du hast dir nun viele Grundlagen angeeignet, verschiedene Alphabete geübt und erste Bibel-Letterings gestaltet. Ich hoffe, ich konnte dir ein paar Inspirationen und Ideen mit auf den weiteren kreativen Weg geben. Jetzt bist du an der Reihe! Finde deinen ganz eigenen Stil, mit Schrift und Form umzugehen.
Bleib dran und verliere nicht den Mut, wenn mal etwas nicht auf Anhieb funktioniert.

VIEL SPASS
BEIM HANDLETTERN!

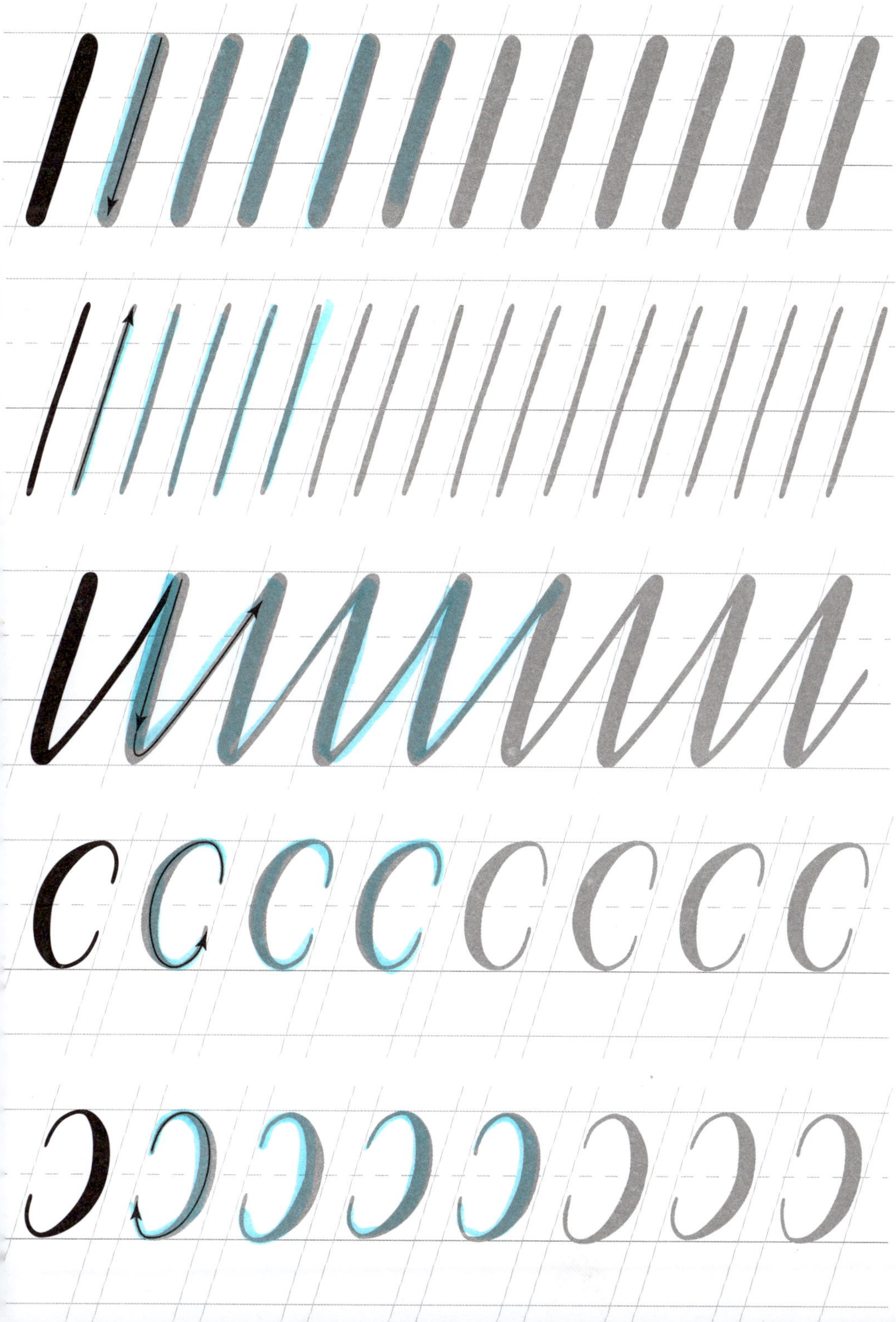

a a a a a a a a a

b b b b b b b b

c c c c c c c c c c

d d d d d d d d

e e e e e e e e e e e

k k
l l
m m
n n
o o

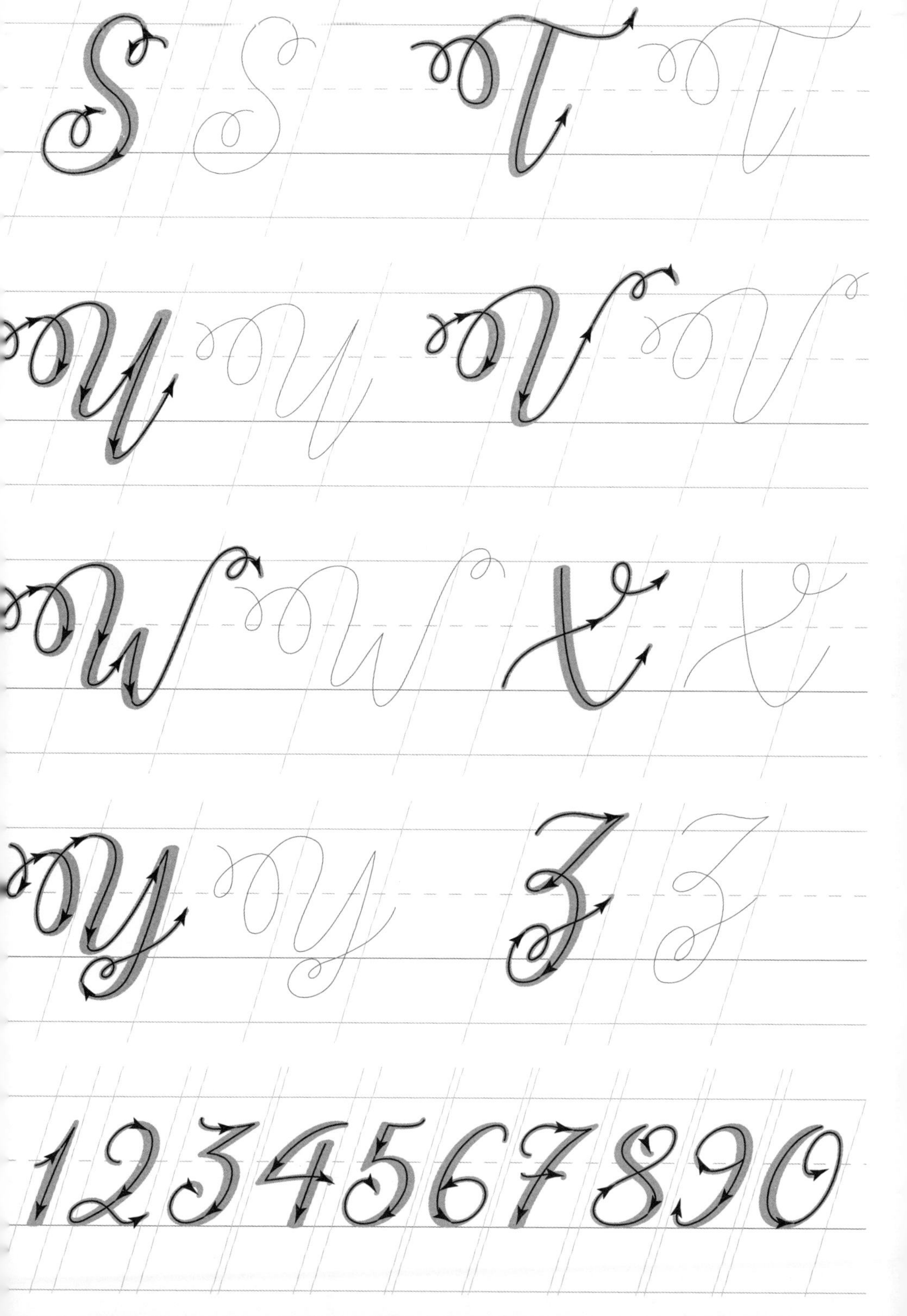

S S T T
U U V V
W W X X
Y Y Z Z
1234567890